AF468791

I^4h
791

PREMIÈRE
AMBULANCE VOLONTAIRE
INTERNATIONALE
DE LA SOCIÉTÉ DE SECOURS AUX BLESSÉS

LE Dr LIÉGEOIS
Chirurgien des hopitaux de Paris

PARIS
VICTOR MASSON ET FILS
PLACE DE L'ÉCOLE-DE-MÉDECINE
1871

Extrait de la Gazette hebdomadaire de médecine et de chirurgie.

PREMIÈRE

AMBULANCE VOLONTAIRE

INTERNATIONALE

DE LA SOCIÉTÉ DE SECOURS AUX BLESSÉS

« Mon cher ami,

» M. Le Fort, rentré à Paris, doit, comme il se l'était promis
» dès le début, écrire l'histoire détaillée de la *première ambu-*
» *lance* de la Société internationale de secours. D'après ce qui
» est convenu entre nous, il s'occupera spécialement des ques-
» tions générales que comporte l'organisation de l'ambulance,
» et moi je puis faire ce qui ne m'eût pas été permis sans l'as-
» sentiment de mon collègue, c'est-à-dire communiquer à la
» GAZETTE le résumé de notre campagne, ayant surtout en vue
» de faire connaître le sort qui nous a été réservé, les services
» que nous avons pu rendre. Je viens donc vous prier de vouloir
» bien insérer dans votre estimable journal ces quelques lignes,
» écrites *d'après mes souvenirs*, vu la nécessité dans laquelle je
» me suis trouvé de laisser en route mes malles contenant toutes
» mes notes, afin de pouvoir plus librement traverser les lignes
» prussiennes. Malgré l'absence de mes notes, comptez sur la
» fidélité de ma mémoire; on n'oublie point les détails impor-

» tants d'un spectacle tel que celui auquel nous avons assisté, » et dans lequel nous avons eu à remplir un certain rôle. » Pour donner, du reste, à mon récit toute la véracité dési- » rable, j'ai prié M. Le Fort et M. Sanné, témoins comme moi » de tout ce que j'ai écrit, de vouloir bien vérifier si ma des- » cription portait avec elle le cachet d'exactitude.

» Agréez, etc. LIÉGEOIS. »

Le personnel de la première ambulance, lors de son départ, était ainsi constitué :

Chirurgien en chef des ambulances : M. Le Fort.

Chirurgien de la première ambulance : M. Liégeois.

Chirurgiens : MM. Gilette, Sanné, Martin, Good.

Aides-chirurgiens : MM. Lorey, Laugier, Labadie-Lagrave, Ramelow, La Chapelle, Lagrange, Nottin, Létendard, Chevalet, Frémy.

Sous-aides : MM. Boylen, Barborin, Niepce, Brière, Bonnet, Forestier, Ménard, Parinaud, Lafitte, Vizzu, Galisson, Gueneau de Mussy.

Fourrier : M. Cottolenc.

Comptable : M. Roussel.

Aumôniers catholiques : MM. Damas, Cossonel.

Aumônier protestant : M. Durand d'Acier.

Infirmiers : Au nombre de soixante.

Nous quittâmes Paris le 4 août ; notre destination fut Nancy. Arrivés dans cette ville à la nuit tombante et par une pluie intense, nous dûmes renoncer à l'idée que nous avions de camper en plein air, d'autant plus que l'endroit qui avait été choisi par notre fourrier était à une grande distance de notre lieu d'arrivée. Ce fut avec plaisir que nous acceptâmes du chef de gare une gare de marchandises n'ayant pour abri qu'une toiture ouverte à tous les vents, à tous les sifflements de chemin de fer. Le lendemain nous gagnions la plaine de Tomblène où furent dressées nos tentes. Là, notre séjour fut de courte durée, car le bruit étant parvenu jusqu'à nous que de nombreux blessés, victimes de la bataille de Reichshoffen, devaient être amenés à Nancy, nous entrâmes dans cette ville, et, avec l'autorisation du maire, nous prenions possession de la salle de cours de la Faculté des sciences, puis nous installâmes nos tentes sur la place Léopold, en face de cette Faculté. L'attente dans laquelle nous étions de recevoir des blessés fut vaine. Ceux de Reichshoffen étaient restés, pour la plupart, dans les mains des Prussiens, et il ne passa à Nancy que ceux qui avaient pu échapper à la poursuite de l'ennemi, mais pour se rendre à Châlons. Las d'être inutiles, nous résolûmes de quitter Nancy, et nous nous dirigeâmes vers Metz le 10 août.

Nous arrivâmes dans cette dernière ville à minuit. Les portes étant naturellement fermées à cette heure, il nous fallut demeurer à la gare, où les banquettes des salles d'attente nous servirent de lits. La nuit fut courte, car le départ d'un train à quatre heures nous força d'évacuer ces salles. Nous avions eu encore ici l'intention d'aller camper hors de la ville, un emplacement même avait été choisi ; mais depuis quelques jours les pluies étaient tellement abondantes, que nous dûmes renoncer à notre projet, et, avec une autorisation, nous allâmes occuper une des plus grandes casernes de Metz, la caserne du génie, alors dépourvue de militaires.

Jusqu'au 14 août, rien de particulier. Ce jour, Metz était dès le matin traversé par un immense convoi qui se rendait à la porte de France, dans la direction de Gravelotte. Nous avons su plus tard que ce convoi accompagnait une partie de l'armée, qui se dirigeait vers Verdun. Pensant que le passage de ce convoi pouvait bien être le présage d'une proche bataille, nous essayâmes vers midi de nous annexer à lui, avec tout notre matériel. Mais, l'encombrement des voitures et des fourgons était tel, qu'il nous fallut retourner sur nos pas, et nous rentrâmes à la caserne. Trois ou quatre heures après notre rentrée, le canon grondait dans la direction de Borny. En quelques instants toute l'ambulance fut réunie, et se dirigea vers le lieu présumé de la lutte. Le trajet à parcourir était long ; nous nous étions engagés sans guide dans des chemins de traverse, nous voyagions à pied, chirurgiens et infirmiers portant dans leurs sacs ou leurs sacoches les objets à pansement, ces derniers munis presque tous d'un brancard roulé, si bien que, malgré notre célérité, nous n'arrivions à Borny qu'à la nuit tombante. A cet instant les blessés affluaient, amenés par des soldats qui les soutenaient ou par des cacolets, tous se dirigeant vers le château du village, dans la cour duquel ils étaient déposés pêle-mêle. Dans ce village nous ne trouvâmes aucune ambulance de corps d'armée, elles étaient avec les corps qui s'éloignaient de Metz dans la direction de Verdun; nous trouvâmes seulement deux chirurgiens en train de faire des pansements. Notre organisation nous permettant de nous diviser, il fut décidé que nous ferions pour l'instant cinq ambulances. Une fut instituée au château, une autre dans l'église, deux dans deux granges, une dans une grange et un corps de logis, granges et corps de logis que nous dûmes faire ouvrir de force, vu que tous les habitants avaient fui emportant ce qu'ils avaient de plus précieux, après avoir fermé hermétiquement portes et fenêtres. Dans un espace de temps très-court nos ambulances se remplirent; chacun de son côté était à l'œuvre, et, à deux heures du matin, tous les pansements étaient terminés. Quand cette besogne fut finie, nous reçûmes l'ordre d'un intendant militaire d'évacuer nos blessés vers Metz, avec une vingtaine de voitures qu'il avait fait venir à cet effet. Alors l'armée était en retraite et défilait dans la grande rue de Borny. Cet ordre de l'intendant avait été dicté par la crainte que le village ne fût occupé le lendemain au point du jour par les troupes prussiennes. Nous eûmes bien de la peine à loger nos nombreux blessés dans ces vingt voitures; mais enfin nous y arrivâmes, à l'exception cependant d'un seul, qui fut rapporté sur un brancard par nos infirmiers. Pour arriver à Metz, il nous fallut traverser une vaste ligne de soldats, qui, malgré le découragement et la fatigue, ne cessèrent pendant notre route de nous témoigner la plus vive sympathie. Enfin nous arrivions à six heures du matin à la caserne, devenue un hôpital, dans lequel fut déposé notre précieux butin.

Le lendemain, 15 août, profitant d'un laisser-passer qui nous autorisait à franchir les lignes prussiennes pour aller dans les ambulances traiter de l'échange des blessés prisonniers, nous nous dirigions vers l'ambulance de Colombey, située à une petite distance au delà de Borny. Pour y arriver, nous dûmes traverser les confins du champ de bataille. Là, les morts prussiens avaient été enterrés, et, à côté des tertres qui les recouvraient, gisaient de nombreux Français accumulés en tas dans certains endroits; ceux-là, sans doute, avaient été les plus exposés aux feux de l'ennemi. Mais le spectacle le plus navrant que nous vîmes, fut l'horrible mutilation que présentaient nos soldats dans un petit chemin creux que nous rencontrâmes sur notre route : dans ce chemin on ne voyait que des troncs séparés des membres, des têtes séparées du corps, des corps entiers vidés de leurs viscères, des calottes crâniennes enlevées et le cerveau en bouillie, etc., etc. Tout autour de nous, partout où nous passions, le sol était jonché de bidons, de casques prussiens, de bonnets de police français, de cartouchières, de débris de fusils à aiguille, de chassepots, etc. Arrivés à Colombey, nous fûmes reçus par deux chirurgiens prussiens. L'accueil qu'ils nous firent fut aimable. Ils commencèrent à nous faire visiter les blessés, et ce fut non sans une certaine satisfaction que nous constatâmes qu'ils avaient traité les Français à l'égal de leurs compatriotes : les uns et les autres étaient mélangés; les pansements de part et d'autre avaient été faits avec soin. Déjà avaient été appliqués quelques bandages, sur la confection desquels il n'y avait rien à redire.

Après cette visite, nous leur parlâmes du motif intéressé de notre démarche, et, sans hésiter, ils acceptèrent de nous faire la remise des blessés français qui étaient entre leurs mains, n'y mettant comme unique condition que celle-ci, c'est que les blessés jureraient de ne pas reprendre les armes dans la guerre actuelle. Cette condition ayant été remplie par chaque soldat, toute notre ambulance se mit à la besogne : les blessés, qui étaient au nombre de 76 (69 soldats, 7 officiers), furent transportés sur des voitures et des cacolets qui nous avaient accompagnés; après quoi, nous regagnâmes Metz.

Je renonce à dépeindre l'étonnement d'abord, l'immense joie ensuite de ces pauvres blessés, quand ils surent que nous allions les délivrer; un certain nombre nous baisaient les mains, les autres nous remerciaient avec la plus vive effusion. Aussi, quelle bonne journée pour nous! Jamais nous n'en perdrons le souvenir. Et s'il est encore des hommes indifférents aux souffrances morales ou physiques d'autrui, ce dont je doute fort, à ceux-là je souhaite de tout cœur de connaître un seul instant le bonheur que nous avons éprouvé en cette circonstance.

Le 16 août, l'ambulance se divisa en deux parts. L'une, profitant d'un armistice conclu par le général Coffinières, quitta Metz, le matin, accompagnant 200 soldats de la ligne et 100 du génie. Mais par un malentendu, les soldats du génie étaient sortis du fort Saint-Julien en armes, ce qui amena chez les éclaireurs prussiens une émotion et une agitation qui inquiétèrent assez l'intendance militaire escortant avec nous les voitures, pour l'engager à rentrer avec elles à Metz. De telle sorte que, privée de ces voitures sur lesquelles nous comptions pour recommencer ce que nous avions fait la veille, notre ambulance, ce jour-là, ne put évacuer qu'une partie seulement des blessés français retenus dans les ambulances prussiennes de la Planchette, Malleroy et Lauvallière. Le nombre de ces soldats ramenés à Metz fut de cent environ.

L'autre partie de notre ambulance demeura à la caserne-hôpital du génie pour panser ou opérer les nombreux malades qu'elle avait reçus les deux jours précédents.

Pendant que les uns étaient occupés à enlever des lignes prussiennes le plus de blessés français qu'ils pouvaient, tandis que les autres consacraient leur journée entière au service de l'hôpital, avait lieu, sans que personne, de part et d'autre, s'en doutât, la bataille de Gravelotte. Nous eussions assurément fort regretté de ne pas nous être trouvés à cette bataille, si nous n'avions pas été ce jour même d'une grande utilité.

Le 17 août au matin, nous résolûmes d'aller prêter notre concours à nos collègues de l'armée pour soigner les nombreux blessés recueillis sur le champ de Gravelotte ; mais, vers deux heures de l'après-midi, la retraite de l'armée française sur le plateau de Rozérieulles, nous laissant presque seuls à une petite distance de Gravelotte, nous dûmes rentrer dans nos lignes et opérer notre retraite derrière des batteries de mitrailleuses tirant déjà sur des masses prussiennes qui cherchaient à déborder nos troupes. La nuit arrivant alors, il nous fallut regagner Metz.

Ce jour, les Prussiens avaient averti le quartier général d'avoir à évacuer dans la nuit les blessés contenus dans une ferme située près de Gravelotte. Le soir, à onze heures, cinq de nos chirurgiens qui connaissaient cet avertissement, partirent vers cette ferme, accompagnés de quelques chirurgiens militaires, et se faisant suivre de sept ou huit voitures de réquisition. Le lendemain matin, ils nous ramenaient 80 blessés. Ces blessés, on peut l'affirmer, venaient tous d'échapper à une mort certaine, car, à peine avaient-ils quitté la ferme, qu'une grêle d'obus s'abattait sur elle, et, quelques heures après, il ne restait plus que des ruines, ruines que le voyageur passant sur la route de Gravelotte à Étain ne peut regarder sans effroi.

Le 18 août, nous apprîmes le matin que le canon se faisait entendre dans la direction de Saint-Privat; aussitôt une partie de l'ambulance quitta la ville et suivit cette direction. Parvenus à Chatel, nous rencontrâmes quelques blessés amenés par des cacolets; nous nous disposions alors à créer dans ce village une ambulance, quand des obus tombant en assez grand nombre dans le bois qui touche Chatel nous forcèrent de nous rabattre à Lessy. Là l'église servit d'asile à nos blessés, qui furent au nombre environ de 150. Ce jour, nous eûmes l'occasion de rendre un service tout à fait insolite. Presque toujours, dans les villages ou les hameaux dans lesquels nous nous trouvions en rapport avec des blessés, nous ne pouvions espérer pour eux aucune ressource de la part des habitants, qui avaient fui la plupart du temps, et si, par hasard, il en restait, ceux-là se trouvaient dans l'impossibilité de procurer à nos malades de quoi satisfaire leur faim et leur soif; si bien que nous étions réduits à partager avec ces derniers le contenu de nos gourdes ou le reste du pain que nous possédions dans nos sacoches, mais gourdes et sacoches étaient bientôt vides. A Lessy, nous eûmes le bonheur de trouver dans la rue un voiturier vendant du vin. L'occasion était trop belle pour la manquer; aussi nous lui en achetâmes une pièce (200 litres), puis nous la disposâmes sur l'escalier d'un cimetière qui précédait l'église, en face même du chemin dans lequel défilaient nos troupes pendant la journée de la bataille de Saint-Privat. A côté de ce tonneau, nous plaçâmes un énorme sapin à vendange rempli d'eau. Et à ces deux sources tous les blessés, si peu graves que fussent leurs blessures, purent satisfaire leur soif, qui ce jour-là était extrême, vu la température élevée de l'atmosphère. Ce voyant, une masse de femmes du village apportèrent d'énormes miches de pain qu'elles distribuèrent sans trop de parcimonie aux malades entrant dans l'église, ou poursuivant leur route quand ils n'étaient pas trop blessés.

Le soir, soupçonnant, d'après l'effroyable canonnade que nous avions entendue toute l'après-midi, que les blessés les plus graves avaient dû rester à Chatel, nous redescendîmes à ce village, où nous fûmes quelque temps après rejoints par le reste de l'ambulance. A notre arrivée se déroula à nos yeux le plus triste spectacle qu'il nous ait été donné de voir. La première maison que nous rencontrions était une maison d'école; deux salles de cette maison renfermaient chacune environ 80 à 100 blessés. Tous nageaient dans leur sang, poussaient des cris ou plutôt des hurlements affreux, les uns réclamant de l'eau, d'autres un pansement, d'autres suppliant qu'on les privât au plus tôt de leurs membres broyés ou à demi détachés; d'autres enfin appelaient à hauts cris une mort rapide. Dans une autre petite salle, nous trouvâmes couchés sur la paille un général, trois officiers, le général paralysé des quatre membres, ayant reçu une balle à la colonne vertébrale cervicale, les officiers ayant les jambes radicalement broyées. La curiosité nous poussa à ouvrir une chambre à four située dans la cour de la maison ; là gisaient quatre officiers morts. De l'établissement d'école nous passons à une demeure voisine. Dix chambres de petites dimensions étaient remplies de nos malheureux blessés, poussant ici des cris d'autant plus lamentables, que, privés de lumière, ils ne cessaient de se heurter les uns contre les autres. Dans une troisième maison, dans une quatrième, même tableau. Là s'arrêta notre perquisition, perquisition pendant laquelle il ne s'échappa de nos lèvres que des expressions de malédiction à l'adresse de ceux qui, pour satisfaire leurs sentiments égoïstes ou ambitieux, n'ont pas honte d'imposer à de pauvres soldats de si horribles sacrifices. Cette perquisition faite, nous nous hâtâmes de soulager ces malheureuses victimes, en commun avec deux chirurgiens militaires que nous trouvâmes à la besogne dans une des salles de la maison d'école. Jusqu'à trois heures du matin, tous les membres de l'ambulance déployèrent une activité extrême. Pas un des blessés que nous avions visités ne resta sans être pansé ou soulagé d'une façon quelconque. Malheureusement, nous n'avions à notre disposition que quatorze voitures, nombre bien insuffisant pour les emporter tous. Toutefois ceux que nous ne pûmes emmener, nous les confiâmes à nos collègues de l'armée, qui avaient établi dans une autre rue du village plusieurs ambulances.

A quatre heures, nous quittions Chatel; une partie de nos aides et sous-aides accompagna les voitures jusqu'à l'hôpital du génie, tandis que l'autre partie chercha à prendre quelques heures de repos, là où ils purent, les uns sur la paille, les autres sur le sol, au coin d'un mur, d'autres, plus heureux, sur un matelas ou sur un lit.

A huit heures du matin, l'ambulance quitta Lessy. Quoique, la veille, les soldats qui avaient pris part à la bataille de Saint-Privat se fussent retirés sur le fort de Plappeville, nous ne pouvions croire que cette troisième retraite était définitive. C'est pourquoi nous allâmes camper au pied du fort Saint-Quentin. Mais, en vain nous attendîmes un retour offensif, et, le soir, nous regagnions tristement Metz. Metz alors était au centre d'un cercle de fer qui, pendant plus de deux mois, devait fermer toutes les communications avec le reste de la France.

Le 21 août, ayant ouï dire qu'il restait à Gravelotte un nombre assez considérable de blessés français, nous nous mîmes en route vers ce village. Les chirurgiens de l'ambulance étaient presque au complet, suivis d'infirmiers, de fourgons, de voitures, bien entendu le drapeau tricolore et le drapeau blanc en tête. Nous espérions tous que nous serions reçus par les Prussiens de Gravelotte comme nous l'avions été par ceux de Colombey. Nous nous trompions étrangement, comme on va le voir. Arrivés à Rozérieulles, nous traversâmes les avant-postes ennemis sans être arrêtés, et nous arrivâmes au sommet de l'énorme côte située en avant de Gravelotte. Là nous nous aperçûmes que nous étions en pleines lignes ennemies: à droite de la route, de nombreux soldats étaient occupés à faire des travaux de défense en terre ; à gauche, tout un corps d'armée faisait des exercices militaires. Pendant que nous gravissions la côte, M. Le Fort, accompagné d'un de nos chirurgiens parlant la langue allemande très-correctement, fit presser le pas de leurs chevaux, dans le but d'aller parlementer avec le général prussien. Quelle ne fut pas, à un moment donné, notre surprise, quand nous vîmes M. Le Fort et son compagnon revenir vers nous, à cheval, les yeux bandés, et conduits par deux soldats qui tenaient les brides de leurs montures. Immédiatement je fis retourner voitures et personnel, et nous rétrogradâmes, en apparence paisiblement, vers Metz. Mais à peine avions-nous fait une centaine de mètres, qu'un colonel suivi d'un certain nombre de soldats vint nous reprocher violemment de pénétrer dans leurs lignes, et nous menaça de nous faire prisonniers. A l'appui de notre défense, j'invoquais surtout, « les droits de la neutralité que nous conférait la convention de Genève, neutralité sur laquelle nous avions tout lieu de compter, puisqu'elle avait été comprise de la façon la plus large et la plus généreuse par des officiers de leur armée». S'étant calmé quelque peu, le colonel nous laissa partir. Nous nous croyions quittes de toute arrestation ; mais, à peine avions-nous fait deux à trois cents mètres, que nous fûmes abordés, cette fois, par un commandant avec lequel je dus avoir une conversation presque en tout point semblable à la précédente. Mais, le commandant affecta une dureté et une sévérité plus grandes que le colonel. Au lieu de nous relâcher tout de suite, après mes explications, il envoya demander au général la règle de conduite qu'il avait à tenir envers nous. Pendant qu'il attendait la réponse, tout à coup il nous enjoignit de tourner tous nos regards vers Metz, sans doute afin que nous ne regardions pas les manœuvres que les troupes étaient en train d'effectuer. Puis, un quart d'heure après environ, soit qu'il eût voulu nous priver de la vue du plus beau panorama qu'il soit donné de contempler (la vallée de la Moselle), soit que quelques-uns des nôtres, ayant poussé la curiosité trop loin, eussent tourné la tête, le commandant nous ordonna, encore tout à coup, de nous asseoir dans le fossé de la route. Ici la vue était moins agréable, car nous étions placés en face d'un énorme talus de terre qui nous masquait toute perspective. Nous étions dans cette position depuis une demi-heure environ, quand un chirurgien en chef prussien vint nous délivrer, en nous conseillant de ne plus faire de tentatives semblables, à moins d'amener avec nous des blessés prussiens qui nous serviraient à faire des échanges. Prononçait-il ces paroles sérieusement ou pour plaisanter? Nous savions qu'à Metz il n'y avait pas plus de 5 ou 6 blessés prussiens. Après être sortis de notre fossé, nous fûmes reconduits jusqu'aux avant-postes par un sergent, étudiant de Bonn, qui ne nous a pas paru bien mécontent de faire un brin de route en société d'étudiants de Paris. A Moulins nous retrouvâmes M. Le Fort, après quoi nous regagnâmes Metz, ne cessant de nous entretenir de notre mésaventure, et jurant, mais un peu tard, qu'on ne nous y reprendrait plus. Ce jour, nous ne revînmes pas cependant à vide, car nous évacuâmes les blessés d'une ambulance que nous trouvions à Moulins, laquelle nous paraissait singulièrement exposée aux obus de l'ennemi.

A partir du 20 août jusqu'au 31, notre temps fut consacré aux soins de nos blessés et à notre installation au gymnase Fabert, dont nous parlerons bientôt.

Le 31 août, nous apprîmes qu'une sortie devait être tentée dans la direction de la route de Boulay. Dès deux heures de l'après-midi, nous étions sur cette route, au milieu de l'armée. A quatre heures, l'armée s'ébranla, et à sept heures elle s'emparait, à la baïonnette, des villages de Noiseville et de Servigny, après un combat acharné. Mais, ce soir, quoique nous fûmes toujours à la queue de la bataille, les blessés ne furent point dirigés vers nous. Ils appartenaient presque tous au 3e corps, et furent conduits, comme nous l'avons su le lendemain, à l'ambulance du quartier général de ce corps, installée sous les murs de Metz, au village de Vallières. Deux de nos chirurgiens furent, ce soir, plus heureux que les autres. Partis de Metz après nous, ils eurent l'idée, en venant à notre recherche, de passer précisément par Vallières, où ils purent prodiguer leurs soins aux blessés dirigés vers ce village, et venir ainsi en aide aux chirurgiens militaires.

L'obscurité d'une part, l'encombrement des chemins et de

la plaine d'autre part, disons aussi des fusillades fréquentes se faisant entendre dans des points très-divers, ne nous permirent pas d'aller voir si nous pourrions ailleurs offrir nos services. Nous fîmes alors retourner à Metz une partie de l'ambulance pour s'occuper du service médical, et l'autre partie chercha un gîte dans une grange du village de Lauvallière, village dans lequel les généraux Lebœuf et Changarnier passèrent aussi la nuit. En restant à Lauvallière, nous espérions que nos troupes continueraient, le lendemain, à chasser l'ennemi de ses positions, et que nous pourrions sans doute établir derrière elles quelques ambulances. Mais quelle amère déception quand, le lendemain, 1er septembre, après une lutte des plus vives qui dura six heures, nous vîmes notre armée battre de nouveau en retraite, et se retirer, en bon ordre cependant, vers Metz, sous le feu terrible des canons prussiens ! Nous fîmes alors une ambulance dans une maison isolée, la plus proche du champ de bataille, où nous pûmes soigner un certain nombre de blessés, parmi lesquels se trouvait le brave général Manèque. L'armée continuant à battre en retraite, nous dûmes, à notre tour, abandonner cette position pour nous rapprocher de Metz.

Jusqu'au 22 septembre, les environs de Metz ne furent troublés que par les canons des forts, auxquels répondaient mollement ceux de l'ennemi, et par les feux des avant-postes. Le 22, le 23 et le 27, les fourrages et les vivres commençant à faire défaut d'une façon notable, nos troupes tentèrent d'enlever une partie de ceux que contenaient encore les villages voisins. Ces tentatives furent en somme malheureuses. Les quelques bottes de paille ou les quelques têtes de bétail qu'on ramena furent chèrement payées par la perte d'un assez grand nombre de nos soldats; de plus, elles entraînèrent l'ennemi à brûler avec leurs obus la plupart des villages situés autour de Metz. Dans ces diverses affaires, les chirurgiens militaires suffirent amplement pour le service des blessés, et nous n'y assistâmes guère que comme spectateurs.

Enfin, un dernier et quasi suprême effort effectué, comme celui de Noiseville et de Servigny, dans le but de traverser les lignes prussiennes, fut tenté le 8 octobre, près de Woippy et de Ladonchamp. Dans l'église du premier village nous établîmes notre ambulance, qui reçut environ 150 blessés. Nous reçûmes presque tous les blessés de l'aile gauche de l'armée combattant vers le village de Bellevue, tandis que ceux de l'aile droite étaient reçus par les ambulances de l'armée, principalement à la ferme de Maison-Rouge. Après les premiers soins donnés, ceux-ci furent ramenés à Metz. La plupart de nous passèrent la nuit au village, sur une couche de paille, et à cinq heures du matin nous nous dirigions vers la ferme de Sainte-Agathe où nous soupçonnions la présence de quelques blessés. Nous trouvâmes là un assez grand nombre de morts et un certain nombre de blessés atteints de blessures affreuses; après quoi nous revînmes à Metz avec les plus transportables de ceux-ci. Cette sortie fut la dernière que nous fîmes. Quelques jours après, le 28 octobre, la ville et l'armée tombaient au pouvoir des Prussiens.

Tel est le résumé rapide de nos excursions autour de Metz. Que nous étions, dans cette campagne, loin du but que nous nous proposions en quittant Paris! Au lieu d'établir, dans les points les plus rapprochés des champs de bataille, des ambulances dans lesquelles nous aurions gardé les blessés jusqu'à leur entière guérison, nous avons été réduits, dans la généralité des cas, à faire évacuer ceux-ci le plus rapidement possible, pour les empêcher de tomber dans les mains de l'ennemi, ou pour les enlever à la fureur de leurs projectiles, après toutefois avoir apporté à ces malheureuses victimes tous les soulagements qu'il était en notre pouvoir de leur donner. Si notre but n'a pas été réalisé, il ne faut évidemment s'en prendre qu'aux circonstances mêmes dans lesquelles nous nous trouvions, à ces retraites successives qui attiraient fatalement nos terribles adversaires vers les ambulances que nous aurions voulu constituer. Loin de notre but, nous trouvant dans des circonstances malheureuses, exceptionnelles, inattendues, alors que tous les projets faits d'avance s'écroulaient les uns après les autres, alors qu'on ne pouvait songer à aucune direction d'ambulance méthodique, qu'avions nous à faire? Une seule chose, nous rattacher à cette loi qui s'impose naturellement à tout homme de cœur vivant au milieu des infortunes : Fais le bien comme tu pourras et où tu pourras. Voilà ce que nous avons fait. Et qu'il me soit permis de dire ici qu'aucun de nos chirurgiens, aides, sous-aides, n'a failli à cette loi. Qu'importe le travail à effectuer, si dur, si répugnant, si fatigant, si dangereux qu'il ait été ! dès qu'il y avait un service à rendre, chacun était prêt, chacun rivalisait de courage et de zèle. On est heureux et fier quand on a vécu pendant trois mois avec de tels hommes, dans d'aussi tristes conditions que celles où nous étions à Metz.

J'arrive à la manière dont notre service chirurgical de la ville fut institué. D'abord, comme je l'ai déjà dit, nous occupâmes la caserne du génie. Après la bataille de Borny, celle-ci fut convertie en hôpital, qui, au bout de quelques jours, contenait 1000 à 1500 blessés, amenés presque tous par notre ambulance. Jusqu'au 21 août, le service fut fait presque exclusivement par nous, à part le service de quelques salles, qui fut occupé par un ou deux chirurgiens militaires.

A cette époque, quelques chirurgiens civils de Metz vinrent prendre possession d'un certain nombre de nos salles, sans que nous en ayons été avertis. Peu satisfaits du procédé, nous cherchâmes un autre lieu qui nous permît d'établir un hôpital qui nous fût propre. Je dois dire cependant qu'ayant fait une réclamation à M. Isnard, chirurgien en chef des ambulances civiles, M. Isnard y aurait fait droit, si nous avions voulu nous engager à suivre nos malades jusqu'à la fin de leur guérison; mais, nous proposant de suivre l'armée, et croyant encore possible à cette époque une percée à travers l'armée prussienne de la part de nos troupes, nous crûmes devoir céder la place.

Le lieu que nous obtînmes, pour la création de notre nouvel hôpital, grâce à M. Maréchal, maire de Metz et notre vénéré collègue, fut un vaste gymnase situé place Fabert, entre deux bras de la Moselle. Cette salle put contenir 80 lits. A côté d'elle nous dressâmes deux tentes : l'une, d'une longueur de 40 mètres, pouvant contenir 70 malades; l'autre, d'une longueur de 20 mètres, pouvant en contenir 30. Les blessés que reçurent la salle et les tentes, du

21 août au 28 octobre, furent au nombre de 250. Ces blessés étaient de provenance différente. Quelques-uns seulement furent ramenés par nous de nos excursions extra muros, et la raison de ce petit nombre est que nous ne prîmes cet hôpital qu'après les grandes batailles de Borny, de Gravelotte, de Saint-Privat. Or, après ces batailles, qui nous permirent de remplir presque toute la caserne du génie, les autres combats ne nous procurèrent qu'un nombre assez limité de blessés. La plus grande partie de nos malades étaient des blessés qui, trop gravement atteints pour être soignés, soit dans les tentes de l'esplanade, soit dans les tentes de l'île de Saussy, nous étaient envoyés par des collègues militaires, avec notre consentement. Cinq services furent établis dans notre hôpital, chacun comprenant un chirurgien, deux aides et deux sous-aides. En outre de ce service chirurgical, nous établîmes sous une petite tente un service de pansement et de consultations, de dix heures du matin à deux heures de l'après-midi, destiné exclusivement aux blessés logés chez les bourgeois ; le nombre de ces blessés qui venaient s'adresser à nous chaque jour à l'ambulance variait de 80 à 150. Beaucoup aussi, parmi ceux qui, en raison de la gravité de leurs blessures, ne pouvaient se déplacer, faisaient mander le chirurgien ou les sous-aides de la consultation, et recevaient ensuite d'eux, quand ils le désiraient, es soins les plus empressés. Plus tard, un certain nombre de nos chirurgiens et aides furent, sur notre proposition, et d'accord avec M. Grellois, chirurgien en chef des hôpitaux militaires, détachés de notre ambulance pour diriger un service de chirurgie ou de médecine dans quelques hôpitaux. Ajoutons qu'un de nos aides-chirurgiens, outre son service à l'ambulance Fabert, fit à lui seul celui de l'hôpital des Israélites qui lui avait été offert, et qu'enfin M. Le Fort, après le départ de l'ambulance luxembourgeoise, départ qui eut lieu vers la fin de septembre, se chargea de l'ambulance des officiers siégeant à la préfecture.

On comprend donc d'après tout ce que nous avons dit jusqu'ici, que si, en raison de l'établissement tardif de notre dernier hôpital et de son exiguïté, il n'y est entré qu'un nombre restreint de malades se comptant seulement par centaines, c'est par milliers qu'il faut compter ceux qui ont reçu de nous des secours chirurgicaux pendant toute la campagne. Et, disons-le ici, l'armée ne s'est pas montrée ingrate à l'égard de notre ambulance, elle l'a amplement récompensée par l'accueil bienveillant et sympathique qu'elle n'a cessé de lui faire.

Revenons à notre hôpital. Sur les 250 blessés que nous avons reçus, le nombre de décès a été de 96; peut-être est-il encore plus grand, car, à notre départ, les blessés que nous transportâmes à l'hôpital militaire étaient encore au nombre de 83, mais tous en voie probable de guérison. Comme on le voit, la mortalité, dans notre petite ambulance, a été considérable, je dirai même effrayante; mais, si j'en juge par les conversations que j'ai eues avec un grand nombre de chirurgiens de Metz, elle serait moins élevée encore que dans bien d'autres établissements hospitaliers de cette ville. L'absence, à Paris, de nos chefs de service, qui tous possèdent les observations de leurs malades, ne me permet pas, en ce moment, de fixer exactement le nombre des amputations d'une certaine gravité, ni les résultats obtenus. Ce que je puis dire, c'est que ceux-ci n'ont pas été très-heureux. Le nombre d'amputés guéris est seulement, je crois, de 5 (amput. de cuisse, de bras, de jambe). La chirurgie conservatrice ne nous a pas paru donner une proportion plus considérable de succès que la chirurgie opératoire. Parmi les causes de mort, nous citerons, en premier lieu, l'infection purulente: cette cause a enlevé plus des trois quarts de nos blessés; viennent ensuite la dysentérie, la diarrhée, la fièvre typhoïde, la gangrène, le tétanos.

En face de cette mortalité qui dans cette guerre affecta non-seulement les blessés de Metz, mais encore, comme nous le savons aujourd'hui, ceux des autres grandes villes, ceux des petites villes, même ceux des villages, ceux des armées prussiennes comme ceux des armées françaises, se dresse une question d'un intérêt immense, concernant les conditions qui président au développement des accidents consécutifs dont les blessés ont été si souvent victimes. Quand nous aurons retrouvé le calme et la tranquillité d'esprit, si nécessaires aux travaux scientifiques d'une haute importance, assurément cette question sera chaudement débattue, et chacun de nous apportera ses matériaux pour en faire sortir quelques jets de lumière. Je ne puis toutefois ici m'empêcher de signaler, pour nos opérés en particulier, certaines conditions déplorables dans lesquelles ils se trouvaient. Comme nous l'avons dit plus haut, le plus grand nombre de nos blessés nous avaient été envoyés par des collègues militaires qui, par la nature même de leurs abris dans les ambulances, ne pouvaient consciencieusement pratiquer de grandes opérations. La plupart de ces blessés étaient presque mourants quand ils arrivaient vers nous; d'autres offraient des blessures tellement graves, qu'elles étaient au-dessus des ressources de l'art; enfin, ceux qui pouvaient supporter des opérations, blessés déjà depuis plusieurs jours, étaient atteints de la fièvre traumatique. Ce sont là évidemment des conditions qui suffisent presque à elles seules pour expliquer le chiffre considérable de notre mortalité.

Un mot maintenant sur les soins donnés aux blessés. J'en ai assez dit sur le personnel chirurgical pour qu'il ne soit plus besoin ici de parler du zèle et des soins dévoués de chacun. Je tiens seulement à signaler les services rendus par une dame qui, partie de Paris avec nous, n'a pas craint de partager le sort qui nous était réservé, je veux parler de madame Cahen, veuve du docteur Cahen pour lequel le corps médical avait la plus grande estime. C'est à elle que nous devons l'organisation et le soin du service de la literie et de la lingerie. L'organisation de cette dernière surtout ne fut pas d'une minime importance, car, en entrant à l'hôpital Fabert, nous dûmes presque tout créer; trente lits de fer et quarante couvertures, voilà ce que nous avions seulement emporté. La précipitation avec laquelle nous étions partis de Paris avait fait oublier la plupart des objets qui nous étaient le plus nécessaires. Il fallut donc faire des lits de bois, des paillasses, arranger des draps de lit, des oreillers, etc. A part les lits de bois, madame Cahen se chargea de tout, et s'en acquitta avec le plus grand zèle. Puis, quand cette organisation fut terminée, elle ne cessa de veiller au bien-être des malades dans toute la limite du possible, tout en les entourant des soins les plus affectueux. Qu'il me soit permis aussi de payer un juste tribut d'éloges à nos aumôniers catholiques et à notre aumônier protestant, qui, non contents d'apporter à nos blessés les paroles consolantes de la religion, aidaient les plus souffrants à supporter leurs misères en leur procurant des gâteries de tout genre (aliments, tabac, sucre, café, etc.) qu'ils payaient souvent à prix d'or. Mais tous ces beaux dévouements ne pouvaient contrebalancer les exigences de la situation ; pendant le mois de septembre et les premiers jours d'octobre, ces malades durent partager l'unique alimentation qu'il y avait à Metz : cheval, riz, pain blanc et *pain noir*, alimentation supportable par l'homme bien portant, mais désagréable et indigeste pour l'homme qui souffre. Plus tard, l'Intendance, qui s'était chargée de la distribution des vivres à notre ambulance, cessa complétement ses envois dans tous les services, et c'est avec la plus grande difficulté que nous empêchâmes, pendant quelques jours, nos malades de mourir de faim ; fort heureusement que l'ambulance Anglaise mit à notre disposition des conserves de viande : elle fut pour nos blessés une véritable Providence. Les secours envoyés par les comités de France, de Bruxelles, ne parvinrent à Metz que quand cette ville eut été complétement ravitaillée, et même après l'évacuation de tous nos blessés sur l'hôpital militaire.

Ajoutons que, dans les derniers jours du blocus, nous manquions absolument, ainsi que toutes les autres ambulances, de tout médicament, cérat, alcool, opium, farine de lin, etc.; si bien que nous nous trouvâmes dans la triste nécessité de faire nos pansements exclusivement avec de l'eau. Ce fait ne paraîtra pas surprenant, si l'on songe que Metz, privé de toute communication avec l'extérieur, contenait environ 30 000 blessés et 10 000 atteints d'affections médicales.

J'arrive aux circonstances qui ont amené la dissoluon de notre ambulance. Lors de la capitulation, les Prussiens nous autorisèrent à rejoindre telle armée française qu'il nous plairait, avec le personnel et le matériel. Certes, ce jour notre embarras fut grand, car on était encore à Metz dans l'ignorance la plus complète touchant la création des armées de la Loire et du Nord, et, depuis le retour de Versailles du général Boyer, nous pensions, avec tous les Messins, que Rouen, le Havre, etc., étaient en proie à la guerre civile. Il nous était par conséquent fort difficile de prendre un parti quelconque touchant la route que nous avions à suivre ; mais, le surlendemain de la reddition, la difficulté fut levée ; un délégué du comité français à Bruxelles, M. Rohan Chabot, vint nous apprendre que le comité n'avait plus d'argent, qu'il avait même dû accepter 100 000 francs pour quatre de nos ambulances réfugiées en Belgique. Après quoi, il nous donna l'ordre *écrit* de licencier l'ambulance, accordant comme indemnité de licenciement 75 francs aux sous-aides et aux aides, et aux chirurgiens la conservation de leurs chevaux. Il a fallu que Dieu ait bien gardé sous sa protection nos sous-aides, si ces 75 francs leur ont suffi dans l'immense trajet qu'ils ont eu à parcourir après la capitulation. Par ordre du délégué, le matériel devait être remis à Metz, chez M. le baron de Gargon. La capitulation laissant libres les chirurgiens des régiments, nous fûmes relevés de nos fonctions dans l'ambulance par un chirurgien militaire, M. Thierry de Maugros, qui, quelques jours après, vu l'abaissement considérable de la température, faisait transporter les 83 malades qui restaient dans la grande salle à l'hôpital militaire, assisté de M. Le Fort. C'est alors que nous nous dispersâmes tous ; les uns se dirigèrent vers la Belgique, les autres vers la Suisse, d'autres vers l'Allemagne, où ils avaient des parents ou des amis prisonniers, d'autres enfin vers les départements investis de l'est de la France. Grâce au ciel, lors de la capitulation de Metz, le personnel chirurgical de l'ambulance était au complet ; mais il faut dire que les privations, les fatigues, les souffrances morales, enfin l'air infecté de Metz avaient contribué à altérer notablement la santé de tous. Un de nous, le docteur Gillette, prosecteur à la Faculté de médecine, a même dû rester à Metz, atteint d'une fièvre typhoïde extrêmement grave dont il est aujourd'hui, fort heureusement, guéri grâce sans doute aux soins dévoués que lui ont donnés deux de nos chirurgiens, MM. Martin et Ménard, qui, au lieu de regagner leurs familles, tinrent à demeurer au chevet de notre intéressant malade jusqu'à son entière guérison;

qu'ils agréent nos remercîments bien sincères. J'ai appris aussi que de nombreux sous-aides et chirurgiens, après leur départ de Metz, avaient été atteints d'accidents typhoïdes, auxquels ils ont aussi fort heureusement échappé. Nous avons eu cependant, pendant notre séjour à Metz, à déplorer la mort d'un infirmier, Cornevon, qui fut atteint d'une balle dans le ventre en relevant du champ de bataille un colonel blessé.

Telle est l'histoire rapide de notre campagne, trop courte, hélas, car elle n'a duré que trois mois. Loin de moi la pensée d'adresser le moindre reproche à la Société de secours *qui nous avait fait signer un engagement pour toute la durée de la guerre;* elle s'est trouvée assurément, à un moment donné, dans des conditions pécuniaires qui ne lui permettaient plus de pourvoir à nos besoins matériels. Mais, qu'il me soit permis d'exprimer le bien vif regret que la Société nous ait mis la plupart de nous dans la quasi-impossibilité de continuer à rendre des services chirurgicaux, alors que la France en avait tant besoin, et qu'elle nous ait abandonnés totalement au moment où elle reformait dans le midi et le nord d'autres ambulances volontaires. L'élan spontané qu'a mis la première ambulance à s'enrôler sous sa protection, les services que cette ambulance a rendus à Metz, ne méritaient certes pas un tel oubli.

Quoi qu'il en soit, nous avons tous la conscience d'avoir fait dans notre courte mission tout ce qu'il était humainement possible de faire pour soulager nos infortunés soldats.

Paris. — Imprimerie de E. MARTINET, rue Mignon, 2.

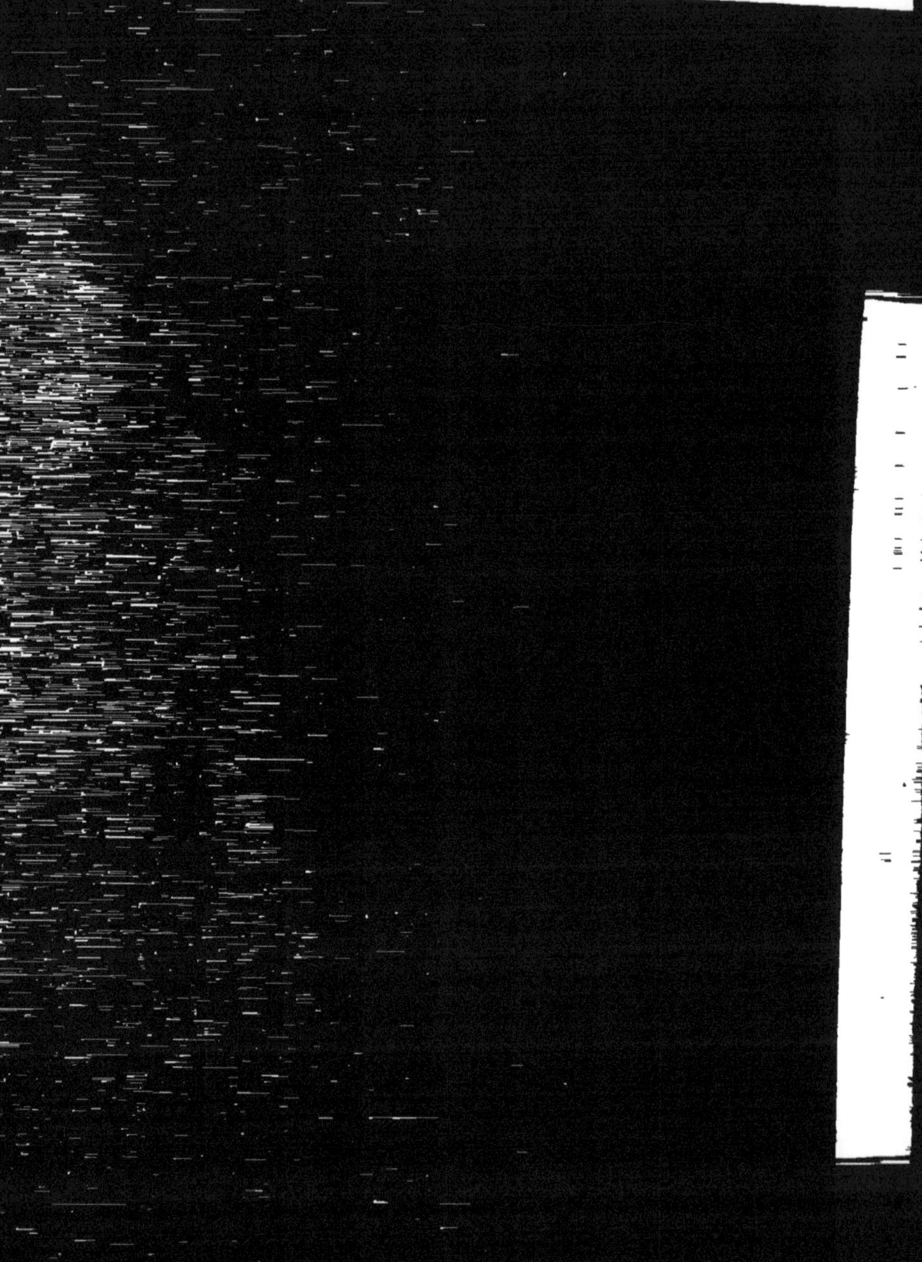

www.ingramcontent.com/pod-product-compliance
Ingram Content Group UK Ltd.
Pitfield, Milton Keynes, MK11 3LW, UK
UKHW020224200726
13856UKWH00004B/1610

9 782013 361903